Keiner ist so schlau wie ich I

Ein Förderprogramm für Kinder ab vier Jahren

Edeltrud Marx und Karl Josef Klauer

Mit Illustrationen von Michael Bleyenberg

Vandenhoeck & Ruprecht

Die Katholische Hochschule Nordrhein-Westfalen hat die Illustration
des Programms finanziell unterstützt.

Bibliografische Information der Deutschen Nationalbibliothek

Die Deutsche Nationalbibliothek verzeichnet diese Publikation in der Deutschen Nationalbibliografie,
detaillierte bibliografische Angaben sind im Internet über http://dnb.d-nb.de abrufbar.

ISBN 978-3-525-79009-0

Weitere Ausgaben und Online-Angebote sind erhältlich unter: www.v-r.de

3. Auflage

© 2009, 2007 Vandenhoeck & Ruprecht GmbH & Co. KG, Theaterstraße 13, 37073 Göttingen /
Vandenhoeck & Ruprecht LLC, Bristol, CT, U.S.A.
www.v-r.de
Alle Rechte vorbehalten. Das Werk und seine Teile sind urheberrechtlich geschützt.
Jede Verwertung in anderen als den gesetzlich zugelassenen Fällen bedarf der vorherigen
schriftlichen Einwilligung des Verlages.
Printed in Germany.

Coverabbildung: Michael Bleyenberg.

Druck und Bindung: ⊕ Hubert & Co. GmbH & Co. KG BuchPartner, Robert-Bosch-Breite 6, D-37079 Göttingen

Gedruckt auf alterungsbeständigem Papier.

Anleitung für Erzieherinnen, Lehrer oder Eltern

Das Programm dient dazu, die Entwicklung von Kindern auf behutsame und kindgemäße Weise wirksam zu fördern. Das Konzept wurde bei Tausenden von Kindern erprobt und ist wissenschaftlich vielfach getestet. Die Ergebnisse der Forschungen sind in über achtzig Artikeln in wissenschaftlichen Fachzeitschriften des In- und Auslands veröffentlicht. Das Trainingskonzept hat sich ungewöhnlich gut bewährt. Nachweislich fördert es die geistigen Fähigkeiten von Kindern bedeutsam, was sich im Intelligenztest zeigt und in noch stärkerem Maße beim Lernen in der Schule. Das Konzept wurde auch schon bei über tausend Kindern in Kindergärten erprobt, und die Forschungen in Kindergärten zeigen, dass es sowohl die geistige Entwicklung allgemein als auch die sprachliche Entwicklung erheblich fördert. Eingesetzt werden kann das vorliegende Programm bei Kindern ab etwa vier Jahren, je nach dem Entwicklungsstand aber auch später, etwa im Förderunterricht der Grundschule. Weil die gebotene Förderung so wirkungsvoll und hilfreich ist, empfiehlt es sich, schon früh damit zu beginnen.

Das Programm dient dazu, dem Kind eine *Strategie* zu vermitteln, die bei der Bewältigung anspruchsvoller Aufgaben hilfreich ist. Das sollte behutsam und in spielerischer Weise geschehen. Die Strategie ist im Grunde genommen einfach und leicht zu erlernen, denn schon Kinder wenden sie von sich aus an; nur eben nicht immer, wenn dies sein sollte, und auch nicht immer konsequent genug. Es handelt sich um die Strategie des *Vergleichens*. Beim Vergleichen geht es darum, *Gemeinsamkeiten* zu entdecken und *Unterschiede* festzustellen. So einfach ist das.

Gemeinsamkeiten lassen sich leicht entdecken. Vergleicht man etwa einen Apfel mit einer Birne, so haben sie vieles gemeinsam: Man kann sie beide essen, es sind Früchte, sie wachsen auf Bäumen, man kann sie im Geschäft kaufen usw. Natürlich gibt es auch Unterschiede: Sie unterscheiden sich in der Form, im Geschmack, oft auch in der Farbe usw. In diesen Beispielen haben die Gemeinsamkeiten wie die Unterschiede mit *Merkmalen* oder *Eigenschaften* zu tun. Dass es sich um Früchte handelt, um Essbares, um verschiedene Farben und Formen, das alles sind Merkmale von Dingen. Lernen Kinder, auf gemeinsame Merkmale zu achten, so üben sie die Begriffsbildung ein, die Bildung von *Allgemeinbegriffen*, ohne dass ihnen dies selbst überhaupt bewusst wird.

In anderen Fällen beziehen sich Gemeinsamkeiten und Unterschiede auf *Beziehungen* statt auf Merkmale. Beziehungen können immer nur zwischen mindestens *zwei* Dingen bestehen. Zwischen Pferd und Fohlen besteht eine Beziehung, zwischen Huhn und Küken besteht die gleiche Beziehung. Die Paare unterscheiden sich zwar deutlich, aber sie sind durch *eine* Beziehung verbunden, die sie gemeinsam haben. Es ist dieselbe Beziehung wie die zwischen Mutter und Kind. Man kann auch an die Beziehungen „… größer als …" oder „… älter als …" denken. Mit Beziehungen werden *Zusammenhänge* erkannt, oft auch *Gesetzmäßigkeiten*. Deshalb ist es wichtig, Gemeinsamkeiten und Unterschiede auch bei Beziehungen zu entdecken.

Die Kinder üben in dem Programm also, Dinge zu vergleichen, Gemeinsamkeiten und Unterschiede zu finden. Die Gemeinsamkeiten und Unterschiede haben entweder mit Merkmalen von Dingen zu tun oder mit Beziehungen zwischen Dingen. Natürlich sollen die Kinder diese Wörter noch nicht lernen, insbesondere nicht Wörter wie *Merkmale, Eigenschaften* oder *Beziehungen*, und schon gar nicht Wörter wie *Allgemeinbegriffe, Zusammenhänge* oder *Gesetzmäßigkeiten*. Gemäß der Fachsprache geht es dabei um induktives Denken. Tatsächlich hilft das Programm, diese zentralen geistigen Leistungen spielerisch und locker einzuüben, was den Kindern später einen großen Vorsprung sichern wird.

Es gibt genau sechs Aufgabenklassen zum Vergleichen, die nun kurz erläutert werden sollen. Auch diese Aufgabenklassen brauchen Kinder nicht kennenzulernen. Es kommt nur darauf an, dass Sie als Trainerin oder Trainer wissen, worum es bei den verschiedenen Aufgaben eigentlich geht.

Drei Aufgabenklassen haben es mit dem Vergleich von *Merkmalen* zu tun: die Generalisierung (GE), die Diskrimination (DI) und die Kreuzklassifikation (KK). Bei den GE-Aufgaben ist zu entdecken, welche Merkmale die Dinge gemeinsam haben. Bei den DI-Aufgaben geht es darum, Unterschiede zwischen den Merkmalen zu entdecken, und bei den KK-Aufgaben sind sowohl Gemeinsamkeiten als auch Unterschiede in den Merkmalen zu finden.

Drei Aufgabenklassen haben es entsprechend mit dem Vergleich von *Beziehungen* zu tun: Beziehungserfassung (BE), Beziehungsunterscheidung (BU) und Systembildung (SB). Bei den BE-Aufgaben sind Gemeinsamkeiten zwischen Beziehungen, bei den BU-Aufgaben Unterschiede zwischen den Beziehungen und bei den SB-Aufgaben sowohl Gemeinsamkeiten als auch Unterschiede zu entdecken.

Die Abkürzungen finden Sie auch auf den einzelnen Blättern unten. Sie sollen Ihnen helfen, besser zu verstehen, worauf es bei der jeweiligen Aufgabe ankommt.

Im Übungsheft finden Sie zehn Aufgabenblätter für jede der sechs Arten von Aufgaben. Allerdings ist die Reihenfolge so geordnet, dass mal diese und mal jene Aufgaben intensiver geübt werden, je nach dem Grad der Anforderungen. Dabei bekommen die Kinder Gelegenheit, immer wieder zu vergleichen, immer wieder nach Gemeinsamkeiten zu suchen und Unterschiede festzustellen – aber bei stets wechselnden Objekten. Auf diese Weise wird die Strategie des Vergleichens intensiv eingeübt, und es wird gelernt, sie auf immer neue Aufgaben anzuwenden.

Empfohlen wird, in einer Übungssitzung nur sechs Aufgaben zu behandeln, damit die Kinder nicht überfordert werden. Die Dauer einer Sitzung beträgt bis zu 30 Minuten. In der ersten Sitzung kommt man bis zur Aufgabe 6, in der zweiten bis Aufgabe 12, in der dritten bis Aufgabe 18 … und in der zehnten bis zur letzten Aufgabe Nr. 60. Führt man pro Woche zwei solcher Übungen durch, so beansprucht das Programm fünf Wochen. Nicht empfohlen wird, mehr als sechs Aufgaben nacheinander zu üben. Möglich und sinnvoll ist allerdings, frühere Aufgaben später zu wiederholen.

Beim Training halten Sie sich zweckmäßiger Weise an die Anweisungen, die auf jedem Blatt stehen. Sollte aber das Kind eine andere Lösung vorschlagen, die auch sinnvoll ist und vielleicht sogar vom Kind gut begründet werden kann, so akzeptieren Sie diese Lösung unbedingt.

Wichtig ist, die Übungen für die Kinder interessant und spannend zu gestalten. So empfiehlt es sich, das Heft als Belohnung einzusetzen, jeder kleine Erfolg wird erfreut zur Kenntnis genommen und belobigt. Weiterhin sollte man immer wieder das Kind ermuntern zu vergleichen. Was haben die gemeinsam? Worin unterscheiden sie sich? Mit der Zeit können Kinder sich dann schon selbst diese Fragen vorlegen. Und wenn ein Kind nicht weiter weiß, so ist es angebracht, dem Kind zu helfen. Am besten demonstriert man dann ganz langsam, wie man vorgeht, und erläutert sprachlich die Demonstration. Danach kann man das Kind bitten, ebenso zu verfahren.

Keinesfalls darf Stress oder Ärger entstehen. Sollte dies der Fall sein, so ist irgendetwas schief gelaufen. Besser bricht man zuvor ab. Die Arbeit mit dem Heft soll eine Belohnung sein, sie soll Spaß machen.

Das Training kann in Einzelsitzungen, mit einem Paar von Kindern oder mit einer kleinen Gruppe von bis zu drei Kindern durchgeführt werden. Beim Einzeltraining kann man sich dem Tempo des Kindes besonders gut anpassen. Ein Training mit zwei oder gar drei Kindern hat auch Vorteile. Dabei muss man darauf achten, dass ein Kind die anderen nicht dominiert und die anderen auch zum Zuge kommen. Deshalb darf das erste Kind die erste Frage bearbeiten („Was siehst du da? Erkläre."), wobei das andere Kind aufpassen und nachträglich auch verbessern darf. Das zweite Kind darf dann mit der zweiten Frage beginnen und immer abwechselnd geht es so weiter. Nehmen drei Kinder teil, so geht man entsprechend abwechselnd vor. Auf diese Weise kann keines der Kinder dominieren, jedes bekommt seinen Anteil. Wichtig ist, dass die anderen aufpassen und mitbekommen, was gerade von einem Kind gesagt wird.

Die Autoren

Was haben die gemeinsam?

Schritt 1: Was siehst du da? Erkläre.
Schritt 2: Was haben die alle gemeinsam (Räder)? Was können die alle (fahren)?

GE

In Muttis Küche

Schritt 1 (unterer Teil noch abgedeckt): Was siehst du oben? Erzähle.
Was haben die alle gemeinsam (gehören in die Küche; werden beim Essen oder Trinken benutzt)?
Schritt 2 (unterer Teil aufgedeckt): Was von da unten passt noch dazu (Zuckerdose)?
Schritt 3: Warum wohl? Was denkst du?
Du darfst jetzt rot einkreisen, was du ausgewählt hast.

GE

Obst ist sooo gesund

Schritt 1: Was siehst du auf den Bildern? Erkläre.
Schritt 2: Eines passt nicht dazu (die Puppe). Warum wohl?
Schritt 3: Was haben die anderen gemeinsam (Obst/Früchte)?
Jetzt darfst du rot durchstreichen, was nicht dazu passt.

DI

Eine Reihe bilden

Schritt 1: Wie haben sich die Kinder aufgestellt? Erkläre.
(Es soll herausgefunden werden, dass die Kinder der Größe nach aufgestellt sind.)
Schritt 2: Und was ist mit dem kleinen Jungen unten? Wohin gehört der?
Schritt 3: Zeige die Stelle, an die er gehört (links außen).

BE

Papa, Mama, Kind

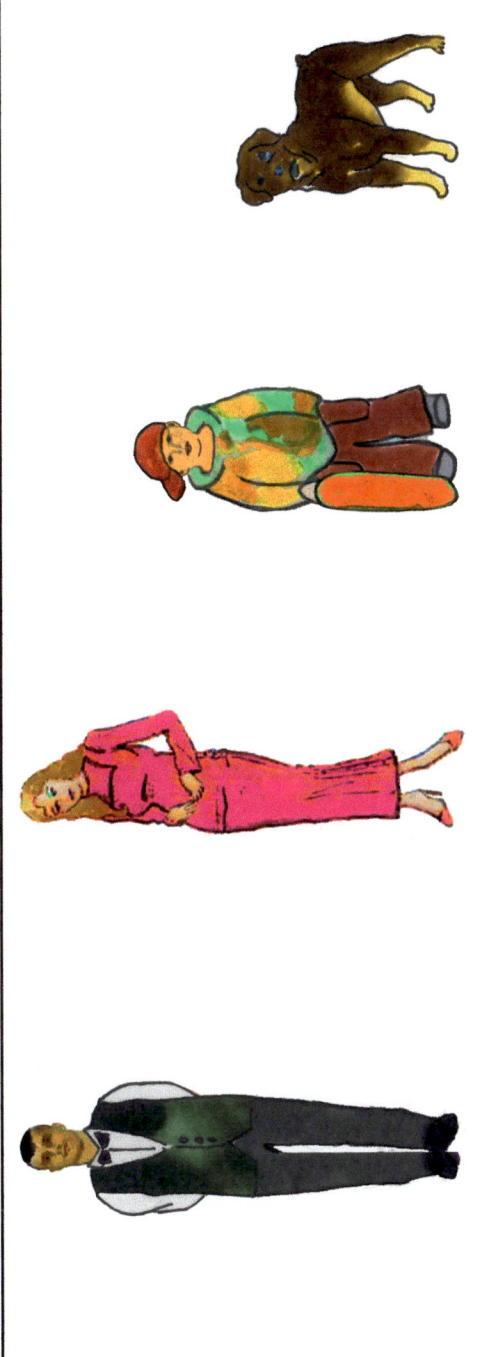

Schritt 1: (unterer Teil abgedeckt): Was siehst du da? Erzähle.
Schritt 2: (unterer Teil sichtbar): Wie geht es weiter?
Was kommt als nächstes, ein Mann, eine Frau, ein Kind, ein Hund?
Schritt 3: Begründe. Und male einen Kreis um die ausgewählte Figur (die Frau).
Es kommt darauf an, dass die Regel erkannt wird (aber das Wort »Regel« muss nicht fallen. Es genügt zu erkennen, dass es immer in derselben Reihenfolge weitergeht: Mann, Frau, Kind, Mann ...).

Jetzt musst du suchen

Schritt 1: Was siehst du denn da? Wie unterscheiden sich die Gruppen (Anzahl der Tassen)?
Schritt 2: Beginne mit den zwei Tassen. Was folgt danach? Und dann?
Schritt 3: Welche bleibt übrig (die zweite Vierergruppe)?
Schritt 4: Verbinde die Bilder mit einem Strich in der richtigen Reihenfolge. Gibt es auch eine andere Möglichkeit?

BU

Bauklötzchen

Schritt 1: Was siehst du da? Erkläre.
Schritt 2: Kannst du die einteilen in zwei Gruppen (nach Farbe)?
Schritt 3 (nur ausnahmsweise): Gibt es noch eine andere Möglichkeit (nach Form)?

GE

Das sind aber schöne Sachen

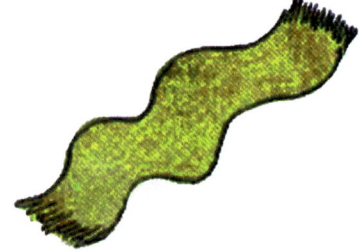

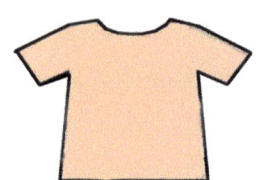

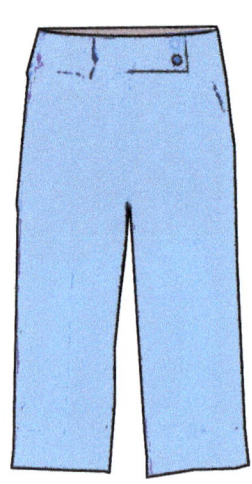

Schritt 1 (unterer Teil noch abgedeckt): Was siehst du oben? Erzähle.
          Was haben die alle gemeinsam (Kleidungsstücke)?
Schritt 2 (unterer Teil aufgedeckt): Was von da unten passt noch dazu (Hose)?
Schritt 3: Warum wohl? Was denkst du?
           Jetzt darfst du rot einkreisen, was du ausgewählt hast.

GE

Emmi hat so viele Sachen zum Anziehen

Schritt 1: Was siehst du auf den Bildern? Erkläre.
Schritt 2: Eines passt nicht dazu (das Dreirad). Warum wohl?
Schritt 3: Was haben die anderen gemeinsam (Kleidungsstücke)?
Jetzt darfst du rot durchstreichen, was nicht dazu passt.

Kannst du schon Geld zählen?

Schritt 1: Kannst du schon zählen? Wie viel Euro hat das Baby, der kleine Junge usw.?
Schritt 2: Wer hat am meisten, wer am wenigsten?
Schritt 3: Wie viel hat wohl das größere Mädchen? Erkläre.

BE

Wie geht es weiter?

Schritt 1 (unterer Teil abgedeckt): Was siehst du da? Erkläre.
Schritt 2: Was verändert sich (die Anzahl), was bleibt immer gleich (die Äpfel)?
Schritt 3 (unterer Teil aufgedeckt): Und wie geht es weiter?
   Suche die richtige Lösung aus. Die falsche darfst du durchstreichen.

BE

Ein langer Tag

Schritt 1: Was siehst du da? Erkläre.
Schritt 2: Ist alles richtig? Oder stimmt was nicht (die Reihenfolge)?
Schritt 3: Wie müsste es denn sein?

Welche drei gehören zusammen?

Schritt 1: Was siehst du da? Erkläre.
Schritt 2: Welche drei gehören zusammen (Lego, Spielauto, Eisenbahn ODER Putzeimer, Handfeger, Schrubber)? Und warum wohl?

GE

Mutti backt Kuchen

Schritt 1: Was siehst du da? Erkläre.
Schritt 2: Womit kann man Kuchen backen (Mehl, Milch, Eier, Butter)?
Schritt 3: Und womit nicht (Kohlkopf, Kartoffeln)? Begründe.

Schön warm draußen

Schritt 1: Was erkennst du alles auf dem Bild? Erzähle.
Schritt 2: Etwas passt aber nicht zu den anderen (Wintermantel). Was meinst du?
Schritt 3: Begründe. Was haben alle anderen gemeinsam (Sommerkleidung)?
Jetzt darfst du rot durchstreichen, was nicht dazu passt.

Nur nicht umwerfen!

Schritt 1 (untere Flaschen abgedeckt): Was siehst du da? Sind alle gleich?
Schritt 2: Wie verändern sich die Flaschen der Reihe nach?
Schritt 3 (untere Flaschen aufgedeckt): Wie geht es weiter (leere Flasche)?
 Male einen roten Kreis um die richtige Flasche.

BE

Viele schöne Hunde

Schritt 1: Was siehst du da? Beschreibe.
Schritt 2: Hat sich da jemand vorgedrängelt (der große Hund)? Wo müsste der richtig stehen (ganz unten)? Du darfst den jetzt durchstreichen.
Schritt 3: Wie sind die Hunde also geordnet? Erkläre die Reihenfolge.

BU

Irgendwas stimmt da nicht

Schritt 1: Kim hat die Birnen schön in Reihen geordnet. Wie hat sie das gemacht?
  (Es soll herausgefunden werden, dass jede Reihe um 1 anwächst.)
Schritt 2: Wo ist ihr ein Fehler unterlaufen? Erkläre.
Schritt 3: Kannst du das verbessern? Dann male etwas hinzu.

BU

Im Zoo

Schritt 1 (unterer Teil abgedeckt): Was siehst du da? Erkläre.
Schritt 2 (unterer Teil aufgedeckt): Und was ist da?
Schritt 3: Was von da unten gehört wohl nach oben (der Affe)? Warum nicht die anderen?

Lauter Haustiere?

Schritt 1: Was erkennst du alles auf dem Bild? Erzähle.
Schritt 2: Etwas passt aber nicht zu den anderen (Elefant). Was meinst du?
Schritt 3: Begründe. Was haben alle anderen gemeinsam (Haustiere, Bauernhof)?

Kannst du beim Einräumen helfen?

Schritt 1: Was alles siehst du auf dem Bild?
Schritt 2: Kannst du das einräumen? Wohin kommt was (Speisen und Kleidungsstücke)?
Schritt 3: Aber eines kann man nicht einräumen (Dreirad). Welches? Und warum nicht (weder Speise noch Kleidungsstück)? Das darfst du jetzt durchstreichen.

KK

Pascal ordnet Spielsachen

_____?

_____

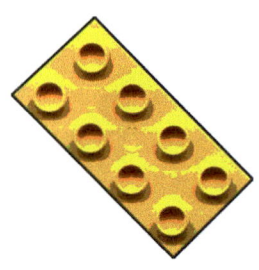   

Schritt 1 (untere Reihe abgedeckt): Welche Reihenfolge hat Pascal immer eingehalten (Auto, Lego, Bild)?
Schritt 2: Was kommt als nächstes (Auto)? Suche aus.
Schritt 3: Warum hast du das ausgewählt? Erkläre.
Du darfst jetzt um das richtige Bild einen roten Kreis malen.

BE

Was für eine schöne Blume

Schritt 1: Was siehst du denn da? Erzähle.
Schritt 2: Ist alles in Ordnung? Oder stimmt wieder etwas nicht (Reihenfolge)?
Schritt 3: Wie muss es denn nacheinander kommen (verwelkte Blume Blach hinten)?

BU

Lauter Autos

Schritt 1: Was siehst du da? Erkläre.
Schritt 2: Was siehst du in der oberen Reihe? Was verändert sich da (eins mehr)?
Schritt 3: Vergleiche die linke Reihe. Was verändert sich da (die Größe)?
Schritt 4: Was kommt wohl an die leere Stelle (zwei blaue Autos)? Begründe: Warum nicht eines der anderen?

Was so in die Küche gehört

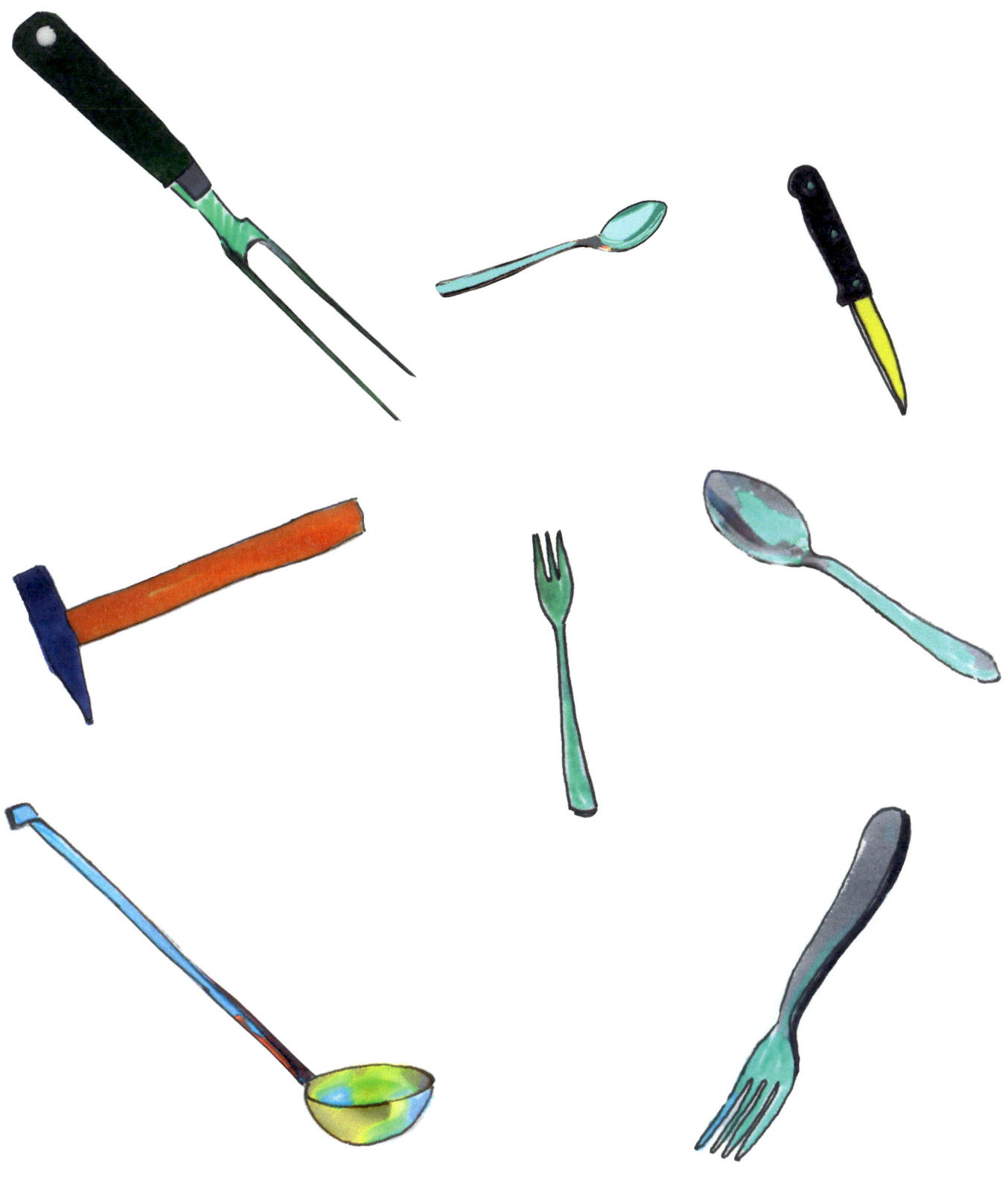

Schritt 1: Was siehst du da? Beschreibe.
Schritt 2: Was passt nicht dazu (der Hammer)? Und warum?
Schritt 3: Was haben alle anderen gemeinsam (man benutzt sie zum Essen und zum Kochen)?

25

DI

Was kommt in den Kühlschrank?

Schritt 1: Was siehst du da? Erkläre.
Schritt 2: Was gehört nicht in den Kühlschrank (das Brot und der Zucker)? Und warum?
Schritt 3: Was haben alle anderen gemeinsam?

Hilfe! So ein Durcheinander!

(Die Spielsachen oben sollen in die unteren vier Kartons eingeräumt werden.)
Schritt 1: Was gehört wo hinein? Ein Auto ist ja schon in jedem Karton drin.
Schritt 2: Wohin gehört das kleine grüne Auto (zum Smart)? Und wohin alle anderen?
  (Immer wieder einmal begründen lassen.)
Schritt 3: Etwas passt aber nicht hinein (das Fahrrad). Warum nicht? Das darfst du jetzt durchstreichen.

KK

Eine Handvoll

Schritt 1: Was siehst du da? Erkläre.
Schritt 2: Die Reihenfolge stimmt nicht. Kannst du das besser machen (oberste Hand nach unten)?

Eine Kerze wird angezündet

Schritt 1: Was passiert denn da? Erkläre.
Schritt 2: Prüfe die Reihenfolge. Fällt dir etwas auf?
Schritt 3: Wie müsste das denn sein (zweite und dritte Kerze austauschen)?

BU

Mann, Frau, Kind

Schritt 1: Was siehst du da? Beschreibe.
Schritt 2: Was ist in der ersten Reihe (Männer), was in der zweiten (Frauen), was in der dritten (ein Kind)?
Schritt 3: Was haben die links gemeinsam (sind jünger), was die rechten (sind älter)?
Schritt 4: Was gehört nun an die leere Stelle (der ältere Junge rechts)? Begründe.

Sommer- oder Wintersachen?

Schritt 1: Was siehst du da? Erzähle.
Schritt 2: Was braucht man im Sommer, was im Winter?

GE

Hast du Angst vor Tieren?

Hier musst du zuordnen.
Schritt 1: Kennst du die Tiere? Erkläre.
Schritt 2: Wohin gehört der Löwe? *(Demonstrieren: Der Löwe ist groß und ein wildes Tier. Ich suche ein Tier, das auch groß und wild ist. Das ist der Bär. Also gehört der Löwe zum Bär.)*
Schritt 3: Nun versuche es selbst. Wohin gehört das Pferd? ... die Hauskatze? Und warum? Ein Tier bleibt allein (der Fuchs).

KK

Mal sehen, was da passt

Schritt 1   (unterer Teil abgedeckt): Welche Tiere kennst du schon? Erzähle.
Schritt 2:   Zu welchem Tier passt denn der Habicht am besten? Und warum?
Schritt 3:   Das wollen wir genauer prüfen. Was haben die beiden oberen gemeinsam (sind zahme Tiere)? Und was die beiden unteren (wild lebende Tiere)? Was haben die beiden links gemeinsam (leben auf dem Boden)? Und was die beiden rechts (können fliegen)?

KK

Hier sollst du ergänzen

Schritt 1: Was siehst du in der ersten Reihe (kleinere Blume, größere Blume)? Erkläre.
Schritt 2: Und was in der zweiten Reihe (kleinerer Hund, größerer Hund)?
Schritt 3: Was sollst du nun in der dritten Reihe ergänzen (größeres Mädchen)? Suche aus und erkläre.

BE

Schweinchen Dick und Freunde

Schritt 1: Was siehst du da? Erkläre.
Schritt 2: Was verändert sich von oben nach unten (werden größer)? Und was von links nach rechts (aus einem werden zwei)?
Schritt 3: Was kommt wohl in das leere Feld (zwei große Schweinchen)? Erkläre.

Hier fehlt ein Bauklötzchen

Schritt 1: Erzähle mir, was du da siehst.
Schritt 2: Wie verändern sich die Bausteine in der ersten Reihe (werden dunkler)?
  Und wie in der zweiten Reihe (ebenso)?
Schritt 3: Welches musst du wohl ergänzen (dunkler Würfel)? Begründe.

Wir machen einen Obstsalat

Schritt 1: Was siehst du da? Erkläre.
Schritt 2: Was kommt nicht in den Obstsalat (Kartoffeln und Wurst)? Und warum nicht?
Schritt 3: Was haben alle anderen gemeinsam (Früchte)?

DI

Im Kindergarten

   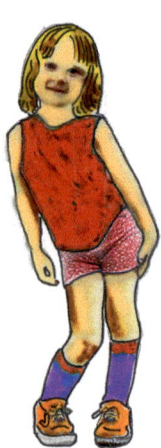

Schritt 1 (die unteren Kinder abgedeckt): Was siehst du hier? Beschreibe.
Schritt 2 (auf die vier oberen Kinder zeigen): Was haben die beiden Kinder oben gemeinsam (sind älter), was die beiden unteren (sind jünger)?
Was haben die beiden Kinder links gemeinsam (keine Mützen), was die beiden Kinder rechts (Mützen)?
Schritt 3: Kannst du die Kinder unten zuordnen zu den Kindern oben (Junge mit Mütze zu Jungen mit Mütze usw.)?

Zuordnen

Schritt 1: Was von unten passt nach oben? Was ist da zu sehen? Erkläre.
Schritt 2: Was passt zum Marienkäfer (Schmetterling)? Es ist ein *Tier* und rot.
Schritt 3: Welche passen gar nicht (Banane und Auto) und warum?

Lauter Tiere, sind die niedlich!

Schritt 1: Was siehst du auf den Bildern? Erkläre.
Schritt 2: Eines passt aber nicht dazu (zwei gleich große Dackel). Welches? Das darfst du durchstreichen.
Schritt 3: Was haben alle anderen gemeinsam (Mutter und Kind)?

Kinder, Kinder

Schritt 1   (untere Reihe abgedeckt): Was siehst du oben (ältere Kinder mit Tornistern), was unten (jüngere Kinder ohne Tornister)?

Schritt 2:   Wie unterscheidet sich oben das erste Kind vom zweiten (einen Streifen mehr auf dem Hemd)? Und wie unterscheiden sie sich in der unteren Reihe (ebenfalls einen Streifen mehr)?

Schritt 3   (untere Reihe aufgedeckt): Und wie geht es oben weiter (älteres Kind mit drei Streifen auf dem Hemd)? Wie unten (jüngeres Kind mit drei Streifen auf dem Hemd)? Wähle aus.

SB

Jetzt wird es aber schwer

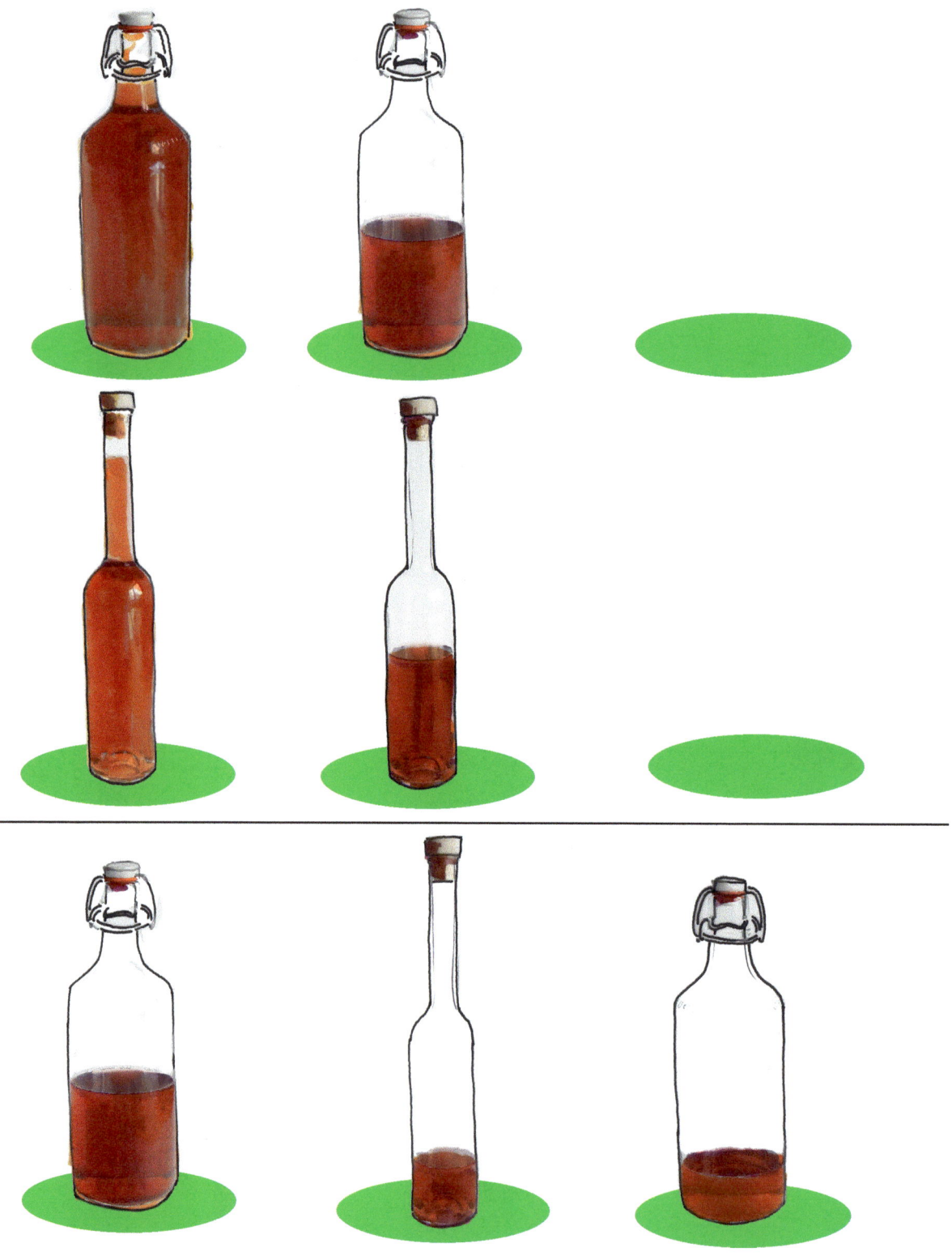

Schritt 1   (untere Reihe abgedeckt): Was verändert sich in der ersten Reihe (weniger gefüllt)?
Was in der zweiten Reihe (weniger gefüllt)?
Schritt 2: Vergleiche die erste Reihe mit der zweiten. Was ist gleich (Ausmaß der Füllung), was ist anders (dünnere Flasche)?
Schritt 3   (untere Reihe aufgedeckt): Ergänze oben (dicke, wenig gefüllte Flasche), ergänze unten (dünne, wenig gefüllte Flasche). Was kommt wohin?
Eine Flasche passt gar nicht. Die darfst du durchstreichen.

Was gehört noch dazu?

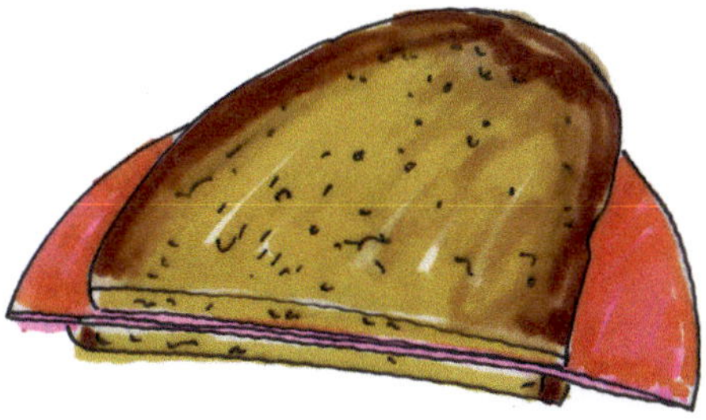

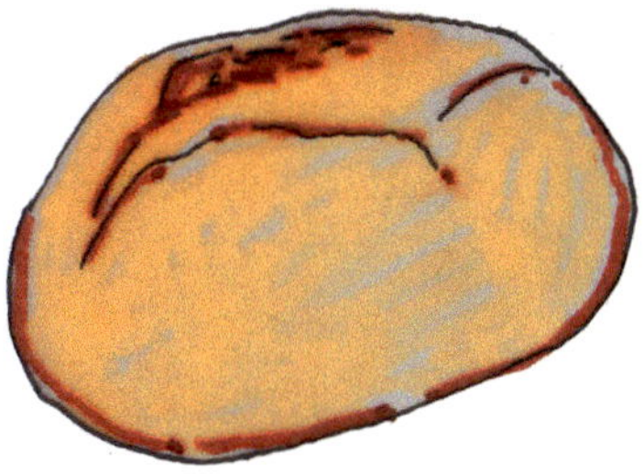

Schritt 1 (unterer Teil noch abgedeckt): Was siehst du oben? Erzähle. Was haben die alle gemeinsam (essbar)?
Schritt 2 (unterer Teil aufgedeckt): Was von da unten passt noch dazu (Keks)?
Schritt 3: Warum wohl? Was denkst du?
Du darfst rot einkreisen, was du ausgewählt hast.

GE

Kennst du diese Tiere?

Schritt 1: Welche Tiere sind das? Und wo leben sie?
Schritt 2: Was haben die beiden oberen Tiere gemeinsam, Kuh und Elefant (groß)? Und was die beiden unteren Tiere (klein)?
Schritt 3: Die Tiere links haben auch etwas gemeinsam (Haustiere). Und die Tiere rechts dann wohl ebenfalls (wilde Tiere).
Schritt 4: Ganz unten stehen vier andere Tiere. Kannst du die zuordnen?
(Beispiel: Bär zu Elefant: Beide sind große und wild lebende Tiere.)

Kannst du etwas ergänzen?

Schritt 1: Was ist da zu sehen? Erkläre.
Schritt 2: Schaue die vier oben an. Was haben die in der ersten Reihe gemeinsam (Dinge zum Gebrauch)? Was haben die in der zweiten Reihe gemeinsam (Spielzeug)?
Schritt 3: Was haben die beiden links *(zeigen!)* gemeinsam (Räder)? Was die beiden rechts (keine Räder, sind aus Holz)?
Schritt 4: Ordne nun zu. Wohin passt die Straßenbahn am besten? Und warum? … Eines lässt sich nicht gut zuordnen (der Eimer).

Wenn es kalt wird

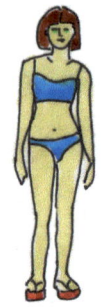

Schritt 1: Was siehst du da? Erkläre.
Schritt 2: Sage mir, was sich in der ersten Reihe (der zweiten Reihe) verändert (Sommer/Winter).
Schritt 3: Was musst du also in der dritten Reihe ergänzen?
Begründe, warum die anderen nicht in Frage kommen.

BE

Wir ergänzen

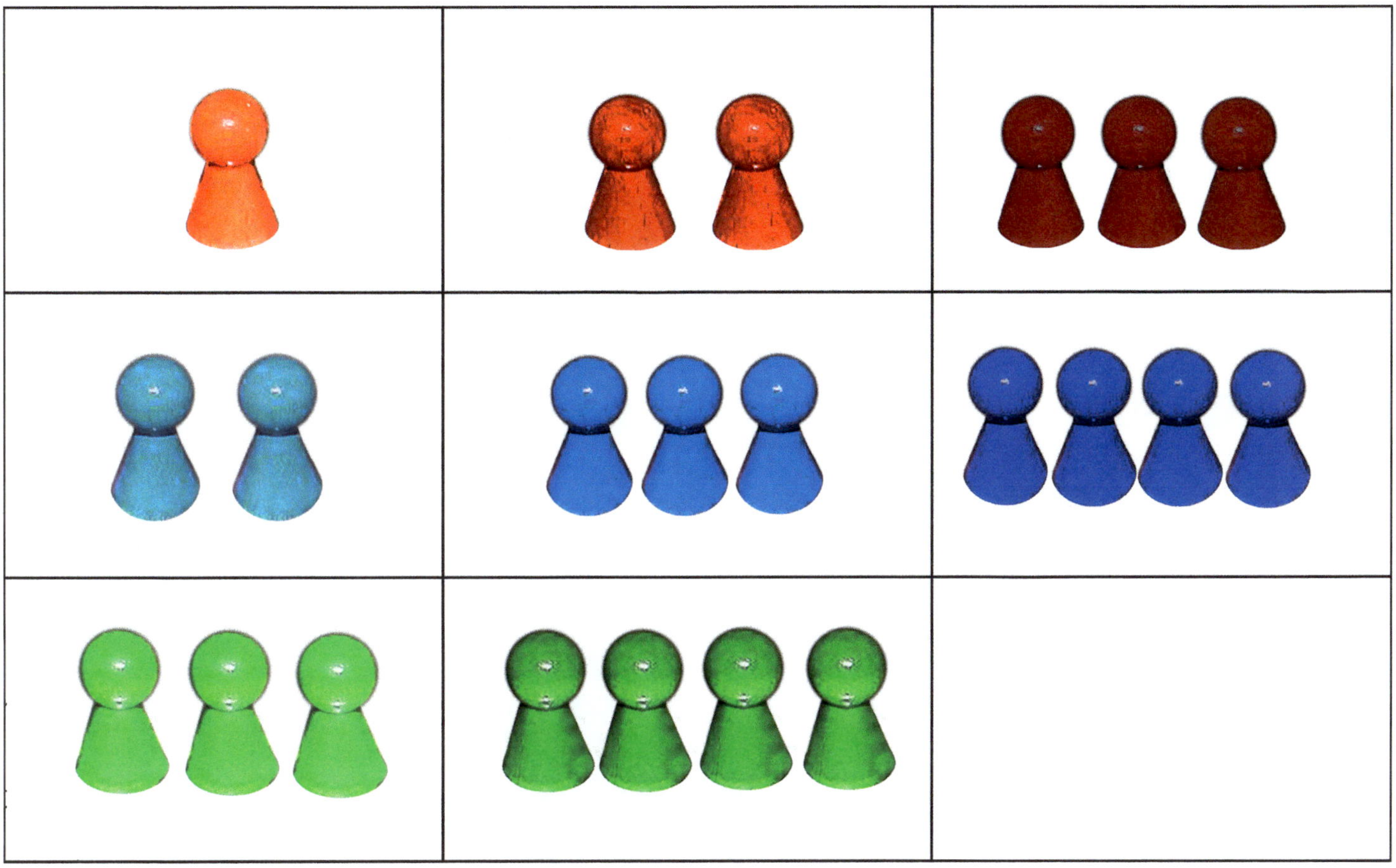

Schritt 1: Was siehst du auf dem Bild? Beschreibe.
Schritt 2: Was verändert sich in den Reihen von links nach rechts (immer eins mehr und immer dunkler)? Prüfe nach.
Was verändert sich von oben nach unten (immer eins mehr und immer andere Farbe)? Prüfe das auch.
Schritt 3: Was kommt wohl in das letzte Feld (fünf dunkle grüne)? Begründe.

SB

Puppen

Schritt 1 (Die vier unteren Puppen abgedeckt): Hier sind vier Puppen.
Wie unterscheiden die sich? In der oberen Reihe (werden kleiner), in der unteren Reihe (auch)?
Schritt 2: Wie unterscheiden sich die zwei oberen von den zwei unteren Puppen (Rassel vor und Rassel neben Puppe)? Erkennst du den Unterschied?
Schritt 3 (Die unteren Puppen aufgedeckt): Welche der Puppen kommt dann wohl nach oben? Und welche nach unten? Erkläre.

SB

Teile in drei Gruppen auf

Schritt 1: Was siehst du da?
Schritt 2: Kannst du die einteilen in drei Gruppen?
Schritt 3: Was haben die Gruppen gemeinsam (Farbe)?

Viele Autos

Schritt 1: Was siehst du da? Erkläre.
Schritt 2: Was passt nicht dazu (der Polizist)? Und warum?
Schritt 3: Was haben alle anderen gemeinsam (Autos)?

DI

Hier darfst du aufräumen

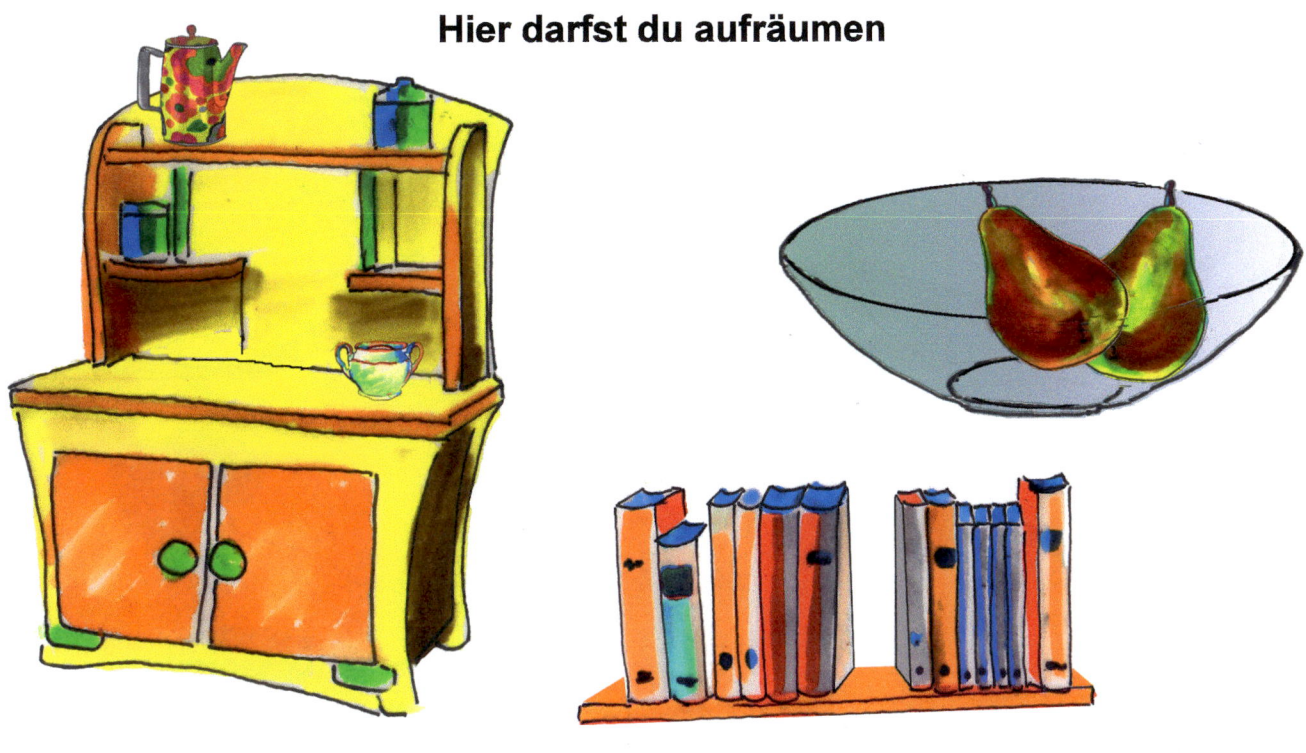

Schritt 1: Was siehst du da? Erzähle.
Schritt 2: Welche Dinge sollen noch eingeräumt werden? Versuche es mal.
Schritt 3: Und was lässt sich nicht einräumen (Socke)? Das darfst du jetzt durchstreichen.

KK

Was man wofür braucht

Schritt 1: Was siehst du da? Erkläre.
Schritt 2: Wofür braucht man die Schere? Suche aus, erkläre und verbinde.
          Und wozu den Löffel (usw.)?
Schritt 3: Eines bleibt übrig (die Puppe).

BE

Ob das alles richtig ist?

Schritt 1: Erzähle, was du siehst.
Schritt 2: Findest du alles richtig?
Schritt 3: Was müsste anders sein (Esslöffel statt Kinderschaufel)?

BU

Kommt ein Schiff gefahren

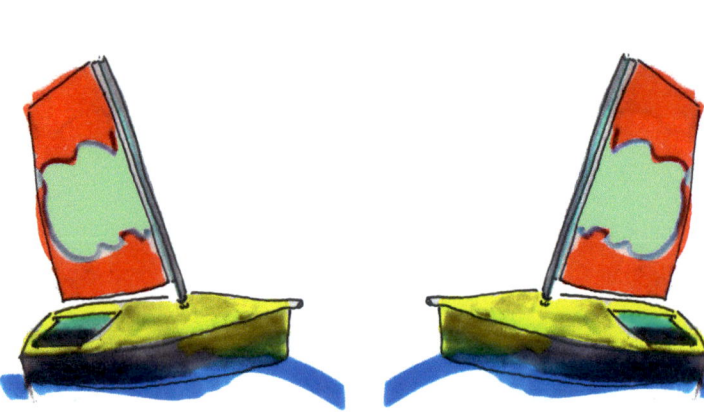
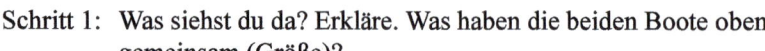

Schritt 1: Was siehst du da? Erkläre. Was haben die beiden Boote oben gemeinsam (Größe)?
Schritt 2: Was haben die linken gemeinsam (Segelrichtung)?
Was ist mit dem rechten Boot (andere Segelrichtung)?
Schritt 3: Welches Schiff kommt wohl an die leere Stelle (großes Boot, Segel links)? Begründe.

Wir machen Musik

Schritt 1: Was siehst du da? Erkläre.
Schritt 2: Was von unten gehört noch nach oben (Trompete)?
Schritt 3: Was haben die oben alle gemeinsam?

GE

Achtung, aufgepasst!

Schritt 1: Was siehst du da? Beschreibe.
Schritt 2: Was passt nicht dazu? Und warum (Der gelbe Zylinder passt nicht, er ist der einzige runde Klotz.)?
Schritt 3: Was haben alle anderen gemeinsam?

DI

Ein Bauklötzchen richtig zuordnen

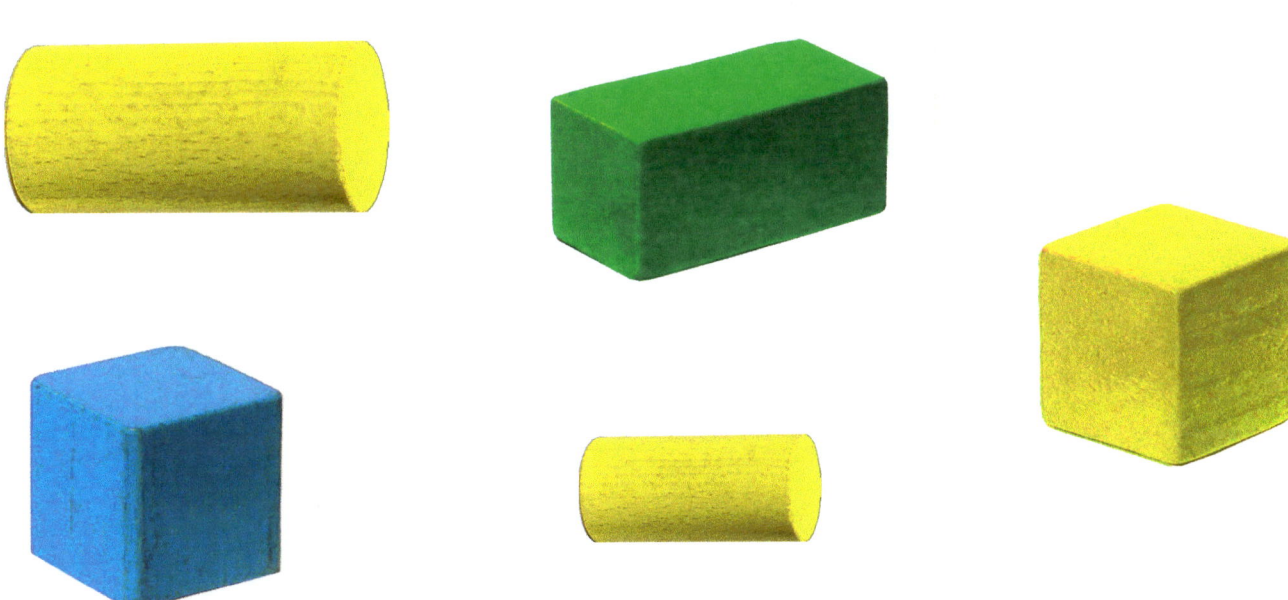

Schritt 1: Schau dir genau an, was du da siehst. Erzähle es mir.
Schritt 2: Du siehst außen den gelben Würfel. Zu welchem anderen Bauklötzchen passt der am besten (gelber Würfel zu blauem Würfel)?
Schritt 3: Warum kann man nicht nach der Farbe zuordnen (Bei gelb gibt es zwei gleichwertige Möglichkeiten.)? Und warum nur nach der Form (Da gibt es nur eine Möglichkeit.)?

KK

Reihe fortsetzen

Schritt 1: Was siehst du da? Wie geht es weiter?
Schritt 2: Achte darauf, wie sich die Farben abwechseln (Reihe oben: rot, gelb, blau, grün, rot, gelb).
Welche Farbe kommt also nach gelb (blau)?
Schritt 3: Ergänze die zweite Reihe.

BE

Arbeit im Garten

Schritt 1: Erzähle mir, was du siehst.
Schritt 2: Wozu braucht man die Hacke im Garten? Und wozu den Rechen?
Schritt 3: Braucht man wirklich das alles im Garten (Staubsauger nicht)?

BU

Bauklötzchen legen

Schritt 1: Was siehst du da? Erkläre.
Schritt 2: Was verändert sich in der ersten Reihe (Reihenfolge und Quader statt Zylinder)?
Und was links von oben nach unten (Reihenfolge)?
Schritt 3: Was sollte also in das leere Feld kommen (Würfel, rechts daneben Quader)? Begründe.

SB